偷 窃

[英]亚尼内·阿莫斯/著　[英]格温·格林/绘　贾洪宝/译

知识产权出版社
全国百佳图书出版单位

拉维的故事

　　几个男孩背靠公园的栅栏坐着,听加雷思聊他正在酝酿的一个计划。

　　"咱们到老巴克斯特的商店里去,"加雷思说,"拿他点儿糖果、薯片,还得拿几本书,还有那种新式彩笔。"

"事成之后,咱们还在这儿碰头,一起分东西。"加雷思指了指拉维,接着说:"今天该你去了!"

"噢,不!"拉维想。他不愿意从老巴克斯特的商店里"拿"什么东西,他的心怦怦直跳。

"我来放哨!开始行动!"加雷思大声嚷嚷。

大家分头跑开了,拉维慢吞吞地跟在最后。

商店里光线很暗，空气中散发着巧克力和报纸油墨的味道。老巴克斯特正在柜台旁边跟一位顾客说话呢。

拉维看着那些一排一排地摆放着的糖，使劲咽下一口唾沫。加雷思咳嗽了一声，这是催着动手的暗号。

拉维猛地抓起一把糖果，塞进夹克衫的口袋里。他冲出大门，浑身发抖，顾不上薯片和书，还有那些新式彩笔，他只想赶快离开老巴克斯特的商店。

拉维没有去公园跟别的孩子碰头,他直接跑回了家。
"如果老巴克斯特跟来了可怎么办呢?"拉维害怕极了。
爸爸正在看报纸,听见拉维跑进来,抬起头问道:"你怎么了?"

拉维把偷来的糖果全都掏了出来,摊在桌子上。"我多么希望自己根本没有干过这种事儿呀!"他说。

"可你为什么要干呢?"爸爸问。

"因为别的男孩都干了。"拉维说。

"那并不意味着你也必须干,"爸爸说,"你在做事之前应该好好考虑一下。"

"我知道。"拉维说。

"我像你这么大的时候，曾经偷过苹果，"爸爸说，"是从别人家的树上摘的——作为一种挑战。"

"那后来呢？"拉维问。

"我爸爸让我把偷来的苹果送回去，并且向人家道歉。"爸爸笑着说，"现在，你也应该把偷来的糖果还给老巴克斯特先生。"

"噢，不！"拉维说。

"我可以陪你一起去。"爸爸一边说一边穿上了外套。

拉维跟着爸爸走了很长时间才走到商店。他不愿意进去，两腿直打哆嗦，双手紧紧抓住装糖果的纸袋子。

拉维的爸爸一直等到商店里没有顾客了，才对老巴克斯特先生说："我儿子想跟你说点事儿。"

拉维很难为情地走到老巴克斯特先生面前，告诉他自己偷糖果的经过。

老巴克斯特先生一边听一边皱着眉头，看样子非常生气。

"对不起！"拉维说。

　　终于,老巴克斯特先生开口了。"谢谢你把这件事告诉了我。"他说,"上个周末盘点货物的时候,我发现丢失了糖果,也能猜出来是被人拿走的。"
　　拉维低着头。
　　"你再也不会做这种事了,对吗?"老巴克斯特先生问。
　　"再也不会了!"拉维说,而且他真是这么想的。

想一想

你有没有过拉维那样的感受？拉维不想去偷窃，他知道那是不对的，但他还是那样做了，因为他希望加入朋友们的行列。

人有时候很容易被别人的意志牵着走。有人或许会设法让你认为偷窃只是一种游戏，或者是勇敢的行为，你如果不去偷窃，他们就会取笑你，或者说你不够朋友。在这种时候，最重要的是你必须自己拿定主意，做自己认为正确的事。

辛迪的故事

"我赢啦!"费伊喊道。

费伊和她的弟弟阿奇争着向椅子跑去。小狗拉斯蒂汪汪地叫着,也加入了他们的游戏。

费伊家总是十分热闹,每个人都有说有笑。

辛迪站在走廊里,看着这快乐的一家人。这些日子,她天天都来费伊家。

辛迪的妈妈生病住院了,所以每天放学后,辛迪就到费伊家来。她喜欢这儿,但有时候也觉得自己有点儿不合群。

辛迪走进一个房间,轻轻关上身后的门。这里是费伊的妈妈的卧室,地上铺着鲜艳漂亮的地毯,窗台下面摆着费伊的妈妈从世界各地收集来的布娃娃。

辛迪走过去，站在布娃娃的前面。她十分喜爱其中那个最小的布娃娃，它镶着花边儿的白色裙子上钉着金光闪闪的小纽扣。

辛迪听见费伊正在隔壁房间里哈哈大笑。这时候，她非常想得到这个布娃娃。她轻轻地抓起布娃娃，十分小心地用一块布把它包起来，然后放进了自己的口袋。

"辛迪，茶点准备好了！"费伊的妈妈喊着。
辛迪向厨房跑去，她感觉布娃娃随着自己的动作在口袋里面跳动。
辛迪默默地喝着茶。阿奇说了一个笑话，却没有把辛迪逗乐。
费伊的妈妈有点儿担心。"你哪儿不舒服？"她问。
辛迪摇了摇头。她没有不舒服——但是她高兴不起来。

  用过茶点,辛迪帮忙整理桌子,就在她站起来递盘子的时候,布娃娃一下子掉了出来,大家都看到了。阿奇和费伊不笑了,他们盯着布娃娃,也盯着辛迪。辛迪的脸一下子变得通红。

  费伊的妈妈赶紧捡起布娃娃。"咱们到前厅去,辛迪,"她说,"咱们俩聊聊。"

"你没有问一声就拿了我的布娃娃。"带着辛迪走到前厅后,费伊的妈妈说。

辛迪低头看着自己的脚尖。"对不起。"她说,但声音有点走调,像是要哭了。

"这叫偷窃,辛迪,"费伊的妈妈说,"你怎么会做这种事呢?"

"我也不知道当时是怎么想的。"辛迪诚实地说。

费伊的妈妈搂住辛迪,紧紧地抱了她一下。

"我多希望我的妈妈现在就在家里呀,"辛迪低声说,"而不是住在医院里。"

"她很快就会好起来的。"费伊的妈妈说。

"现在,你可以借走我的任何一个布娃娃,但你必须事先征得我的同意,好吗?"

"好!"辛迪回答。

想一想

你有过辛迪那样的感受吗？你曾经想从别人家里偷走什么东西吗？有时候，人们会因为许多情绪的因素而去偷东西，比如由于为某件事担心，或者由于感到孤独与焦虑。当你像辛迪一样感到焦虑的时候，请把心里的想法说给信任的人听，而不是做出错误的行为。

迪安的故事

迪安在厨房里看书,他听见妈妈在打电话。

"星期六是我的生日。今天晚上我有时间——跟往常一样。"妈妈说完,笑了。

迪安觉得那笑声不怎么对劲,听上去并不开心。他看着妈妈:妈妈的年纪并不大,但显得很疲惫。

"她应该高兴起来,"迪安想,"我得送给她一份实实在在的好礼物,让她过一个有意义的生日。"

第二天放学后,迪安去买礼物。

"我先给妈妈买一张生日贺卡。"他想。

商店里有好多种贺卡,迪安挑了很长时间才选中了一张。去收款台交费时,他才知道那张贺卡很贵,花掉了他很多钱。

迪安继续在商店里逛来逛去，挑选给妈妈的礼物。他看中了盒装巧克力，可是买不起。

随后，迪安又来到香水柜台前。妈妈喜欢香水！迪安看着那一排排五颜六色的瓶子，弯下腰去闻了闻。

"别碰倒了！"售货员小姐提醒他说。

迪安走开了，香水实在是太贵了。

天已经很晚了,迪安开始发愁。

"我什么礼物也没买,"他想,"每种东西都那么贵。"

就在这时,迪安看见了头巾。这些头巾就挂在他的面前。

他朝四下打量了一番——没有人注意,便迅速拉下一条鲜艳的蓝色头巾,塞进了自己的口袋里。

回到家，迪安找了一些包装纸，准备把头巾包起来。可是，他心里觉得很不好受，手抖得挺厉害，怎么也包不好。最后，他把头巾包藏在了床底下，想把刚才的事全忘掉。

　　第二天清晨,迪安早早起了床,可妈妈还没有起来。
　　"生日快乐!"迪安大声说着,跑进了妈妈的房间。
　　妈妈先看了贺卡,然后又打开了包,取出了那条长长的蓝色头巾。
　　"真好看!"妈妈说着,用手摸了摸头巾。
　　迪安咧开嘴笑了。

"这是真丝的,"妈妈说,"你从哪儿弄钱买的呢?"
迪安不知道该怎么回答。
"噢,迪安,"妈妈说,"请别对我说这是偷来的!"
迪安低着头,没有作声。
妈妈没再说话,迪安知道她哭了,他觉得自己的眼里也全是泪水。

然后，妈妈搂住了迪安。"答应我，再也不干这种事了。"她说。

迪安点了点头。

"这些礼物不会使我感到高兴的，"妈妈说，"我宁愿你给我倒一杯咖啡作为礼物，或者给我画幅画。"

过了一会儿，迪安站了起来。

"你到哪儿去？"妈妈问他。

"我去商店，把头巾还给他们，并认错。"迪安说。

想一想

你有过迪安那样的感受吗？你曾经想得到买不起的东西吗？迪安因为买不起给妈妈的礼物而感到难过，觉得从商场里拿件小东西不会被人发现，但是，他的这种偷窃行为是不对的。其实，他有许多东西可以送给妈妈，可以画一幅画，可以给妈妈做顿早饭，也可以给妈妈洗洗衣服。

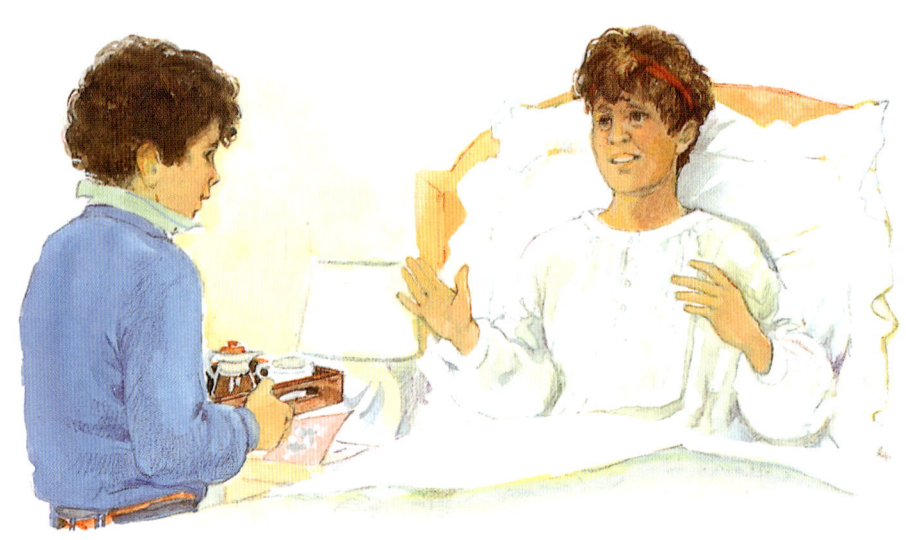

　　偷窃，就是用不合法的手段秘密地从别人那里"拿走"东西。拉维、辛迪、迪安的偷窃行为都有"理由"，但不管是因为什么，那种行为都是不对的。

图书在版编目（CIP）数据

偷窃 /（英）阿莫斯著；贾洪宝译 . — 北京：知识产权出版社，2016.1

（我能管好自己）书名原文：Thief

ISBN 978-7-5130-3324-4

I.①偷… II.①阿… ②贾… III.①品德教育 — 儿童教育 — 家庭教育 IV.① G78

中国版本图书馆 CIP 数据核字 (2015) 第 013360 号

First published in the United Kingdom by Cherrytree Books, 2001
Copyright©Evans Brothers Ltd.
This edition published under licence from Pila Books Limited.
This edition is only available for sale in Mainland China.

责任编辑：李 潇	责任校对：董志英
装帧设计：于 静	责任出版：刘译文

我能管好自己 ⑧

偷窃

［英］亚尼内·阿莫斯 著　　［英］格温·格林 绘

贾洪宝 译

出版发行：知识产权出版社有限责任公司	网　址：http://www.ipph.cn
社　址：北京市海淀区马甸南村 1 号	邮　编：100088
责编电话：010-82000860 转 8133	责编邮箱：elixiao@sina.com
发行电话：010-82000860 转 8101/8102	发行传真：010-82000893/82005070/82000270
印　刷：北京中科印刷有限公司	经　销：各大网上书店、新华书店及相关专业书店
开　本：787mm×1092mm　1/16	字　数：40 千字
版　次：2016 年 1 月第 1 版	印　张：2
ISBN 978-7-5130-3324-4	印　次：2016 年 1 月第 1 次印刷
京权图字：01-2015-0575	定　价：9.00 元

出版权专有 侵权必究
如有印装质量问题，本社负责调换。